AF388743

(187ᵉ)

CATALOGUE

DE

PLANCHES GRAVÉES

Sur Cuivre et Acier

COMPOSANT LE FONDS DE Mme Ve AVENIN

Sujets Flamands, d'après Teniers, Rembrandt, etc.;
Sujets Religieux, d'après Poussin, Raphaël, etc.;
Sujets Gracieux, d'après Boucher, Greuze, etc.;
Sujets Historiques, Paysages, Marines, Portraits,
d'après Scheffer, Horace Vernet, etc.;
Eaux-Fortes, d'après Eug. Delacroix, par F. Villot,
d'après Ostade et autres, par Charles Jacques;

DONT LA VENTE AURA LIEU

HOTEL DES COMMISSAIRES-PRISEURS

Rue Drouot, n° 5

SALLE N° 3, AU 1er ÉTAGE

Les Mercredi 16 & Jeudi 17 Mars 1864

A 2 HEURES PRÉCISES

Me **DELBERGUE-CORMONT**, Commissaire-Priseur,
rue de Provence, 8,

Assisté de **M. VIGNÈRES**, Marchand d'Estampes,
rue de la Monnaie, 13, à l'entresol, entrée rue Baillet, 1,
Chez lequel se distribue le présent Catalogue.

EXPOSITION PUBLIQUE

Chaque jour de Vente, de 1 heure à 2 heures.

PARIS — 1864

ORDRE DE VACATIONS.

Première Vacation, *Mercredi 16 Mars :*

Planches anciennes.

Eaux-fortes de Charles Jacques et
    d'après Saint-Aubin............ 163 à 178
Sujets Religieux.................. 32 à 69
Sujets divers.................... 121 à 162

Deuxième Vacation, *Jeudi 17 Mars :*

Sujets Gracieux et Familiers,
    Boucher, Greuze.............. 70 à 120
Sujets Flamands, Teniers......... 1 à 31

Au comptant.

Cinq pour cent en plus des enchères, applicables
aux frais.

Les Épreuves exposées étant du dernier tirage, elles
serviront d'état des Planches.

M. VIGNÈRES, dirigeant la Vente, se charge des Commissions.

DÉSIGNATION

SUJETS FLAMANDS

1 La Bourgeoisie armée d'Amsterdam (dite la ronde de nuit), par *Claessens*, d'apr. **Rembrandt**. Cuivre. Epreuve grand aigle. *800*

2 L'Enfant prodigue. — Les OEuvres de miséricorde, gravées par *Lebas*. — Les Misères de la guerre, par *Tardieu*. Visite à la nourrice, par *Delongueil*. 4 cuivres, d'apr. **Téniers**. Epreuve grand colombier. *600*

3 Marché aux herbes, d'Amsterdam, par *David*, d'apr. **Metzu**. — La Chasse royale, par *Le Bas*, d'apr. **Vandevelde**. 2 cuivres. Epreuves grand colombier, en hauteur. *367-50*

4 Prise du héron. — Départ de chasse. 2 cuivres, par *Le Bas*, d'apr. **Van Falens**. Epr. grand colombier. *200*

5 L'utile Accident. — Retour de campagne. 2 cuivres, par *Basan*, d'apr. **Van Falens**. Ep. grand colombier. *150*

6 Halte foraine. — Retour de foire. 2 cuivres, par *Lempereur*, d'apr. **Loutherbourg**. Ep. grand colombier. *125*

7 Vue du bassin de la ville de Bruges. — La grande rade hollandaise. 2 cuivres, par *Le Mire*, d'apr. **Minderhout**. Ep. grand colombier. *100*

8 Le Passage du ruisseau. — Le Repos champêtre. 2 cuivres, par *Guerin*, d'apr. **Loutherbourg**. Ep. jésus. *150*

9 Le Chasseur fortuné. — Rendez-vous de chasse. 2 cuivres, par *Le Bas*, d'apr.. **Van Falens**. Ep. jésus, en hauteur. *200*

10 L'Ecole flamande. — L'Ecole hollandaise, 2 cuivres, par *Ouvrier*, d'apr. **Eisen**. Ep. jésus, en hauteur. *150*

11 La Conversation flamande, par *Glairon Mondet*, *15* d'apr. **Le Duc**.—Le Cabaret, par *Gaillard*, d'ap. *12* **Le Prince**. 2 cuivres. Ep. jésus. *150*

12 Le Satyre et le Villageois, d'apr. **Dietricy**. — Les Paysans du Mordyck, d'apr. **Brouver**. 2 cuivres, par *Maleuvre*. Ep. jésus. *150*

13 La Leçon de basse de viole. Cuivre, par *Vibert*, d'apr. **Netcher**. Ep. jésus. *125*

14 Halte flamande. — Le Cabaret flamand. 2 cuivres, par de *Longueil*, d'apr. **Ostade**. Ep. demi-aigle, en hauteur. *200*

15 Six sujets de bergers, pasteurs avec leur troupeau. 6 cuivres, par *Danckerts* et *Vischer*, d'apr. **Berghem**. Ep. demi-aigle. *40*

16 Orphée. — Le Paradis terrestre. 2 cuivres, par *Le Bas*, d'apr. **Hondius**. Ep. demi-colombier, en hauteur.

17 Téniers fait dire la bonne aventure à sa femme. — La Fileuse flamande. — Divertissements de paysans hollandais. — La crédule laitière. 4 cuivres, par *Surugue*, d'apr. **Téniers**. Ep. demi-colombier. *120*

18 Judith, d'ap. **Allori**. — Le Cavalier, d'apr. **As-
selyn**. — Portrait de **Boll**. — Le Vieillard,
d'apr. **Brekelenkamp**. — Musicien de village.
— Portrait de Richardot, d'apr. **Van Dyck**. —
Le Rieur, d'apr. **Hals**. — Intérieur hollandais,
d'apr. de **Heuch**. — Portrait de **Rembrandt**.
— Philosophe en méditation. — Décollation de
saint Jean. — Paysages, d'apr. **Decker** et **Rembrandt**. — Les Amours de Jean **Steen**. — Le
Villageois en belle humeur, d'apr. **Steen**. 15 cuivres à l'eau-forte, par *Claessens* Ep. demi-colombier. *600*

19 Retour des champs. — L'Attelage du laboureur.
2 cuivres, par *Basan*, d'apr. **Van de Velde**. Ep.
demi-colombier. *100*

20 Halte espagnole. — Garde avancée de hulans.
2 sujets, par *Aliamet*, et **4** autres sujets de che-
vaux, d'apr. **Vouvermans**, par *Vischer*. 6 cuivres. Ep. demi-colombier. *48*

21 Les quatre parties du jour et autres sujets de
quadrupèdes. 10 cuivres, par *Vischer*, d'apr.
Berghem. Ep. demi-colombier. *80*

22 Silène ivre soutenu, par *Bolswert*, d'apr. **Van
Dick**. Cuivre. Ep. demi-colombier. *100*

23 Cinq sujets de bergerie, animaux. 5 cuivres, par
Vischer, d'apr. **Berghem**. Ep. demi petit colombier. *40*

24 L'espoir du gain inspire la gaieté. — Entretien de
voyage. 2 sujets, par *Aliamet*. — Le troupeau
hollandais, par *Daudet*. 3 cuivres, d'apr. **Berghem**. Ep. demi-colombier.

25 Le Joueur de cornemuse. — Le Medecin empiri-
que. — Jeu de mail flamand. — Départ et arrivée
au sabbat. — Amusements flamands. — Délices
des Famands. — L'Après-dinée flamande. — Les
délices de la tabagie. — Les vrais Flamands. —
Jeu de trictrac. — Retour imprévu. 12 cuivres,
d'apr. **Téniers,** etc. Ep. demi petit colombier.

26 Le Déjeuner flamand.— Le Docteur alchimiste.—
Le vrai Flamand. — Les Fumeurs. — Les Men-
diants. — Le Ménage octogénaire. — Le Château
de Téniers. — La Solitude. — Fête champêtre. —
Le Jeu du cochonet. — Petite vue de Flandre. —
Les Chanteurs. 12 cuivres, d'apr. **Teniers.** Ep.
quart colombier.

27 La pleine Lune.— Vue d'un canal proche de Har-
lem, d'apr. **Vanderneer.** — Le Berger italien,
d'apr. **Breemberg.** 3 cuivres.

28 Le fils de Téniers. — L'indiscret Flamand dit la
Chaufferette, d'apr. **Ostade.** 2 cuivres.

29 Théodore Frisius fils et son chien, dit le Chien de
Goltzius. Monogramme *R. G.* Cuivre.

30 La chaste Suzanne. — Bacchus. — L'Amour en-
tre Bacchus, Cérès et Vénus. 3 cuivres; d'apr.
Goltzius. Ep. quart colombier.

31 Embarquement des vivres. — Rachat de l'esclave.
Ancien port de Gènes. 3 sujets, d'apr. **Berghem.**
Epreuves seulement.

SUJETS RELIGIEUX

32 La Cananéenne, par *Avril*, d'apr. **Drouais**. Cuivre. Ep. grand aigle. *Bernard*

33 Naissance de Samson, d'apr. **Gauffier.** La Résurrection de Lazare, d'apr. **Lesueur**. 2 cuivres, par *Avril*. Ep. grand aigle. *125*

34 La Conversion de Zacchæé. Cuivre. Par *Laurent Cars*, Ep. grand aigle. *16* *Gadola*

35 Moïse frappant le rocher. Cuivre. Par *Cars*, d'apr. **Poussin**. Ep. grand aigle. *95* *Bernard*

36 Destruction des mauvais livres : saint Paul à Ephèse. Cuivre. Par *Cars*, d'apr. **Lesueur**. Ep. grand aigle. *55* *Vincent*

37 Le Veau d'or, par *Poilly*. — Moïse brisant les tables de la loi, par *Cars*. 2 cuivres, d'apr.. **Poussin**. Ep. grand aigle. *73* *Bernard*

38 Christ au roseau, d'apr. **Van Dyck**. Cuivre. Ep. colombier, en hauteur. *115* *Gadola*

39 Christ en croix ; est-il une douleur semblable à la mienne. Cuivre, par *Bolswert*, d'apr. **Jordaens**. Ep. colombier, en hauteur. *100* *Gadola*

40 Le Portement de croix. — La Descente au tombeau. Manière noire, d'apr. **Raphaël**. 2 aciers. Ep. colombier. *30* *Vincent*

41 Sainte Cécile distribuant ses biens aux pauvres. — Mort de sainte Cécile. 2 cuivres, par *Poilly*, d'apr. **Dominiquin**. Ep. colombier, en hauteur. *85* *Bernard*

42 Fénelon prodiguant ses soins aux blessés. — Saint Vincent de Paul fonde l'Hôpital des enfants trouvés. 2 aciers, manière noire, par *Bertaux*, d'apr. **Tassaert**. Ep. colombier, en hauteur.

43 Sainte Vierge. Grande tête, d'apr. **Léonard de Vincy**, par *Badoureau*. Cuivre. Ep. colombier, en hauteur.

44 La Vierge à la guirlande, par *Pinet Leodi*. Cuivre. Ep. colombier, en hauteur.

45 Christ en croix, d'apr. **Van Dyck**. — Ecce Homo. Grande tête, d'apr. **le Guide**. 2 cuivres. Ep. colombier, en hauteur.

46 La Vierge en contemplation, par *Avril*, d'apr. **Mignard**. Cuivre. Ep. petit colombier, en hauteur.

47 Sainte Geneviève, patronne de Paris. Cuivre, par *Balechou*, d'apr. **C. Vanloo**. Ep. petit colombier, en hauteur.

48 Sainte Cécile, d'apr. **Raphaël**. — Le Christ couronné d'épines, par **Titien**. 2 cuivres, par *David*. Ep. petit colombier, en hauteur.

49 Le Christ aux anges. Cuivre, par *Drevet*, d'apr. **Lebrun**. Ep. petit colombier, en hauteur.

50 Assomption de la Vierge. — Martyre de saint André. 2 cuivres, d'apr. **Rubens**. Ep. petit colombier, en hauteur.

51 Descente de croix. Cuivre, par *Poilly*, d'après **Lebrun**. Ep. petit colombier, en hauteur.

52 Le Sommeil de Jésus. Cuivre par *Avril*, d'ap. **Raphaël**. Ép. jésus, en hauteur.

53 La Sainte Vierge au pied de la croix. Cuivre par
   Edelinck, d'ap. **P. de Champagne**. Ép. jésus,
   en hauteur.

54 L'Adoration des bergers, par *Carmona*, d'ap.
   Pierre. — Le Sommeil de Jésus, par *Hainzel-
   man*, d'ap. **Poilly**. 2 cuivres. Ép. jésus.

55 Le Baptême de Notre-Seigneur par saint Jean.
   Cuivre, d'ap. **Albane**. Ép. jésus, en hauteur.

56 Scène de l'Inquisition, d'ap. le comte de **Forbin**.
   — Bénédiction des chambres à Pâques, d'ap.
   Haudebourg. 2 aciers. Ép. jésus, en hauteur.

57 Martyre de saint Pierre et saint Paul, d'ap. **N.
   del Abbate**, en hauteur. — Saint Jean-Baptiste,
   par *Vangelisty*, en travers. 2 cuivres. Ép. jésus.

58 Saint Louis rachetant des prisonniers. Cuivre par
   Defrey, d'ap. **Granet**. Ép. jésus.

59 Moïse sauvé des eaux. Cuivre par *Niquet*, d'ap.
   Poussin. Ép. jésus.

60 Jésus-Christ couronné d'épines, d'ap. **Corrége**.
   — La Sainte Vierge, mère de Dieu, d'après
   Batoni. Bustes en pendant. 2 cuivres. Ép.
   raisin, en hauteur.

61 Je vous salue Marie, pleine de grâce, d'ap. **Le-
   moine**. — Sainte Barbe offrant son cœur à l'Enfant Jésus, tenu par la Vierge, par *Hurel*. — Christ
   en croix, d'ap. **Vanloo**. 3 cuivres. Ép. raisin.

62 Sainte Famille. Cuivre, par *Pesne*, d'ap. **Raphël**.
   Ép. demi-colombier, en hauteur.

63 Madeleine pénitente dans le désert, dite la Liseuse
   du Corrége. Cuivre, par *Niquet*, d'ap. **Corrége**.
   Ép. demi-colombier.

64 Le Benedicite. — La Lecture de la Bible. Manière noire, par *Coupé*. 2 aciers. Épr. demi-colombier.

65 La Visitation. — Fuite en Égypte. — La Madeleine. 3 cuivres. Ép. demi-colombier.

66 Sainte Famille. — La Vierge entourée d'anges. — Education de Vierge. 3 cuivres, d'ap. **Rubens**. Ép. demi-colombier.

67 Les Chevaliers en Terre-Sainte. — Le Baptême. — Les Clefs de saint Pierre. 3 cuivres. Ép. demi-colombier.

68 Sainte Cécile. — La Vierge au donataire. 2 cuivres. par *Leroy*, d'ap. **Raphaël**. Ép. demi-aigle, en hauteur.

69 Mater dolorosa. — Sainte Marie-Madeleine. — Descente de croix. — Saint François. 4 cuivres. Ép. demi-aigle, en hauteur.

SUJETS GRACIEUX & FAMILIERS

École Française du XVIIIe Siècle et Moderne.

70 Vénus et Adonis, par *Mecou*, d'ap. **le Guide** Cuivre. Ép. colombier.

71 Convoi d'Atala, par *Lignon*, d'ap. **Gautherot**. Cuivre. Ép. colombier.

72 Pâris et Hélène, par *Vidal*, d'ap. **David**. — Sapho rappelée à la vie par le charme de la musique, par *Bosselmann*, d'ap. **Ducis**. 2 cuivres. Ép. colombier.

73 Naissance de Bacchus. — Bacchus et Ariadne. 2 cuivres, par *Mariage*, d'ap. **Bertin** et **Boulogne**. Ép. colombier.

74 Le jeu des Grâces et des Amours. — Les Amours enchaînés par les Grâces. 2 cuivres, par *Chaponnier*, d'ap. **Lagrénée**. Ép. colombier.

75 Agnès Sorel et Charles VII. — Héloïse et Abeilard. 2 aciers. Manière noire, par *Lheric*, d'ap. **Wappers**. Ép. colombier, en hauteur.

76 Elisabeth. — Marie-Stuart. 2 aciers en manière noire, par *Girard*, d'ap. **Johannot**. Ép. colombier.

77 Alice et Cora. — Elisabeth et Louise. 2 aciers, par *Girard*, d'ap. **Demahis** et **Vandenberghe**. Ép. colombier en hauteur.

78 Mange, mon petit, mange. — Oh! les jolis petits chiens. 2 cuivres, par *Roger*, d'ap. **Prudhon**. Ép. colombier en hauteur.

79 Vénus qui caresse l'Amour, par *Porporati*, d'ap. **Pompée Battoni**. Cuivre. Ép. jésus, en hauteur.

80 La Leçon de flûte (Daphnis et Chloé), par *Blanchard*, d'ap. **Albrier**, en hauteur. Cuivre. Ép. jésus.

81 Pygmalion amoureux de sa statue. — L'Enlèvement d'Orythie par Borée. 2 cuivres, par *Mariage*, d'ap. **Moreau**. Ép. jésus, en hauteur.

82 La Circassienne au bain, d'ap. **Blondel**. — Narcisse, d'ap. **Albrier**. 2 cuivres, *en* hauteur Ép. jésus. *300*

83 La Piété filiale, par *Masquelier*, d'ap. **Vicar**. Cuivre, en hauteur. Ép. jésus. *100*

84 Pyrame. — Thisbé, en hauteur. 2 cuivres, par *Pauquet*, d'ap. **Ducis**. Ép. jésus.

85 Héloïse et Abeilard, en hauteur. Cuivre, par *Loyez*, d'ap. **Richard**. Ép. jésus.

86 L'Education de l'Amour, en hauteur, par *Levusseur*, d'ap. **Romanelli**. Ép. jésus. *100*

87 Vénus liant les ailes de l'Amour. Cuivre, par *Schulze*, d'ap. Mme **Lebrun**. Ép. jésus, en hauteur. *100*

88 Psyché et l'Amour. — Vénus et le jeune Ascagne. 2 cuivres, par *Mécou*, d'ap. de **Boisfremont**. Ép. jésus.

89 Les Adieux de la nourrice, par *De Launay*. — La Bergère des Alpes, par *Leveau*. 2 cuivres, d'après **Aubry**. Ép. jésus.

90 Le Berger récompensé. — L'Obéissance récompensée. — La Fécondité. 3 cuivres, en hauteur, par *Gaillard*, d'ap. **Boucher**. Ép. demi-aigle.

91 L'Enfant gâté, par *Le Bas*. — Ne le réveille pas, par *Jardinier*. — Le Père aveugle, par *Cars*. Trois cuivres, en hauteur, d'ap. **Greuze**. Ép. demi-aigle.

92 La Cruche cassée. — La Vertu chancelante. 2 cuivres, en hauteur, par *Massard*, d'ap. **Greuze**. Ép. demi-aigle.

93 Le premier Pas de l'enfance. — La Mère qui in-
tercède. — Le Retour désiré. — Le Maître de guitare. 4 cuivres, en hauteur, par *Cl. Duflos*, d'ap.
Schenau. Ép. demi-aigle.

94 Les hommes se disputent. — Les femmes se
battent. 2 cuivres, manière noire, par *Chaponnier*, d'ap. **Boilly**. Ép. demi-aigle.

95 La Comparaison des petits pieds. — L'Amant fa-
vorisé. 2 cuivres, par *Chaponnier*, d'ap. **Boilly**,
en hauteur. Ép. demi-aigle.

96 Ni l'un ni l'autre. — L'une ou l'autre. — Mon
choix est fait. — Ah! c'en est fait, je me marie.
4 cuivres faisant pendants, en hauteur, d'après
Désora. Ép. raisin.

97 Vénus. — Danaé. 2 cuivres, d'ap. **Titien**. Ép.
raisin.

98 Amusement du jeune âge, par *Chevillet*, d'ap.
Wille fils. Cuivre, en hauteur. Ép. demi petit
colombier.

99 Vénus et Adonis. — Vénus et Énée. 2 cuivres, en
hauteur, par *Danzel*. Ép. demi-colombier.

100 Apollon et les Muses. — Le char de l'Aurore.
2 cuivres, par *Dissard*, d'ap. **Jules Romain**.

101 Chasteté de Joseph, par *Desplaces*, d'après
Jordans. — Loth et ses Filles, par *Lempereur*,
d'ap. **de Troy**. 2 cuivres. Ép. demi-colombier.

102 Le Songe, gravure anglaise. Cuivre.

103 Le Sommeil d'Erigone, par *Cathelin*, d'après
Monsiau. Cuivre, en hauteur.

104 Vénus et Diane, par *Blot*, d'ap. **Gauffier**.
Cuivre.

105 Le Marchand de cornes, par *Hubert*, d'ap. **Le Nain**. Cuivre en hauteur

106 Pyrame et Thisbé, par *Vangelisty*, d'ap. **le Guide**. — Tarquin et Lucrèce, par *Basan*, d'ap. **Jordans**. 2 cuivres.

107 Henri IV et Fleurette, par *Swebach*, d'ap. **Dorcy**. — Marguerite et Lisette, par *Doncy*, d'ap. **Guet**. 2 aciers, manière noire, en hauteur.

108 Le Brigand. — La Femme du brigand. 2 aciers, manière noire, par *Hurlimann*, d'ap. **Ysendyck**.

109 Guillaume Penn traite avec les Indiens. — Les Vestales, d'ap. **Raoux**. 2 cuivres. Ép. petit demi-colombier.

110 Léda. — Endymion. 2 cuivres par *Delaunay* et *Chaponnier*, d'ap. **Pierre**. Ép. demi-colombier.

111 La Bohémienne. — La Bergère des Alpes. — Indécision. — Réconciliation. 4 aciers, manière noire, en hauteur, par *Reynolds*, etc.

112 Lecture espagnole. — Conversation espagnole, d'ap. **Vanloo**. — Charles Iᵉʳ. — Henriette-Marie, d'ap. **Van Dyck**. 4 cuivres, en hauteur.

113 Le Réveil tardif. — La Vengeance des Nymphes. 2 par *de Monchy*, d'ap. **Grangeret**. — Récréation des Bacchantes. — Le Désir ingénu. 4 cuivres faisant pendant.

114 La Cachette découverte, par *de Launay*, d'ap. **H. Fragonard**. Cuivre.

115 La Gaieté conjugale. — La Félicité villageoise. 2 cuivres, par *Delaunay*, d'ap. **Freudeberg**.

116 L'Innocence inspire la Tendresse, par *Voysard*,
100 d'ap. **Aubry**. Le présent du Fermier, par *60 Houssaye*
Lebeau, d'ap. **Freudeberg**. 2 cuivres!

117 La Reconnaissance du Berger. —Le Gage de l'ami- *62 Houssaye*
tié. 2 cuivres, par *Danzel*, d'ap. **Lenard**.

118 La Consultation appréhendée. — Retour de la *40 Houssaye*
Consultation. 2 cuivres, par *Le Veau*, d'après
Bilcoq.

119 Erigone.—Egine. 2 cuivres, d'ap. **Girodet**. *36 Lelogean*

120 Jouir par surprise n'alarme pas la pudeur.—Voilà *64 Houssaye*
ma mère, nous sommes perdus. 2 cuivres en hau-
teur, d'ap. **Boilly**.

120 bis le Conseil des Graces *16 Houssaye*

SUJETS DIVERS

Historiques, Paysages, Marines, Portraits, etc., etc.

121 Le Chien du Régiment, par *Lecomte*. — Le *272 Vincent*
1,500 Trompette mort, par *Johannot*. 2 cuivres, d'après
H. Vernet. Ép. grand aigle.

122 Dévouement du bourgmestre Vanderwerf en *52*
500 1574. Manière noire, acier, par *Lherie*, d'après
Wappers. Ép. grand aigle.

123 Enlèvement des Sabines. Cuivre, par *Laurent*, *100 Houssaye*
250 d'ap. **N. Poussin**. Ép. grand aigle.

124 Molière lisant son Tartufe chez Ninon de Lenclos. *51 Vincent*
150 Cuivre par *Anselin*, d'ap. **Monsiau**. Ép. gr. aigle.

125 Henri IV.—Louis XVIII en manteau royal. 2 por- *48 Lelogean*
250 traits en pied faisant pendants. 2 cuivres, par
David. Ep. grand aigle en hauteur.

21

125 bis Portrait en pied de M. Dupin, dans son cabinet, manière noire, par *Swebach*, d'ap *Duval Lecamus*, la planche en acier. — **23** ép. avant la lettre sur Chine — **56** ép. avec la lettre, en tout **79** ép. in-f°.

Vincent 50

126 Le triomphe de l'ordre ou la marche du XIXe siècle. Cuivre par *Pinet Leodi*. Ép. grand aigle.

Houssaye 71

127 La récompense villageoise. Cuivre par *Le Bas*, d'ap. **Claude Lorrain**. Ép. grand colombier.

Vincent 85

128 Vue de la plaine des Sablons. par *Malbeste*, d'ap. **Moreau**. — Revue de la maison du roi au Trou d'Enfer, par *Lebas*, d'ap. **Le Paon**, 1778. 2 cuivres. Ép. grand colombier.   **200**

Bernard 150

129 Le Calme. — La Tempête. — Les Baigneuses. 3 cuivres, par *Balechou*, d'ap. **J. Vernet**. Ép. grand colombier.   **350**   **30 ép.**

Gadola 60

130 Départ pour la chasse.—Le cerf aux abois. 2 aciers, manière noire, par *Hurliman*, d'ap. **Ledieu.** 30 ép.

Gadola 75

131 Bataille d'Aboukir 1799.—Pardon accordé aux révoltés du Caire, Manière noire. 2 aciers, par *Gabriel*, d'ap. **Martinet**. Ép. colombier.   16 ép.

Gadola 70

132 L'Empereur au camp de Boulogne. — Les Aigles retrouvées, 1815. Manière noire. 2 aciers, par *Moreau*, élève de Jazet, d'ap. **Kepfer**. Ép. col.

Gadola 100

133 Le Chasseur adroit. — Le Chasseur maladroit. — Les Chasseurs au rendez-vous. — Le Chasseur au repos, manière noire. 4 aciers, par *Moreau*, élève de Jazet, d'ap. **Kepfer**. Ép. colombier.   30 ép.

Gadola 28

134 Le jeune Desilles à l'affaire de Nancy, 1790. Cuivre. Ép. colombier.   10 ép.

Gadola 43

134 bis Mort de D'Assas, 1760. — La Valeur récompensée, 1779. 2 cuivres, par *Laurent*. Ép. colomb.

135 Chien d'arrêt.—Épagneul en arrêt. 2 cuivres, par *Gamble*. Ép. colombier.

136 Les journées de la Révolution. 15 cuivres, par *Helmann*, d'ap. **Monnet**. — Ouverture des états généraux.—Serment du Jeu de Paume.—Prise de la Bastille.—La nuit 4 août 1789.— Fédération. — 10 août 1792.—Pompe funèbre.—21 janvier 1793. Fontaine de la Régénération. — 16 octobre 1793. 9 thermidor.—1er prairial an III. — 13 vendémiaire an IV. - Rastadt.—18 brumaire. Ép. jésus.

137 Frédéric glisse un rouleau de ducats dans la poche de son page. — Frédéric, Écris à ta femme que tu seras exécuté demain. 2 cuivres, par *Huet* et *Bovinet*, d'ap. **Albrier**. Ép. jésus.

138 Les Enfants égarés.—Les Orphelins. 2 cuivres, par *Johannot*, d'ap. **Scheffer**. Ep. jésus.

139 La fille du marin.—La pauvre femme en couche. 2 cuivres, d'ap. **Scheffer**. Ep. jésus.

140 Le Chien de l'hospice. — Le Chien de l'aveugle. 2 cuivres, par *Dibart*, d'ap. **Wafflard**. Ep. jésus.

141 Soleil levant.—Soleil couchant. Marines, 2 cuivres, par *Feradiny*, d'ap. **Cl. Lorrain** et **Vialy**. Ep. jésus.

142 Le Menuet pastoral. — Le bon Laboureur. 2 cuivres, par *Maillet*, d'après **Cl. Lorrain**, etc. Ep. jésus.

143 Le départ.—Le retour des petits Savoyards. 2 sujets faisant pendants. Cuivres, par *Cauchy*, d'après **Delegorgue**. Ep. jésus.

144 Napoléon à Sainte-Hélène. Cuivre, par *Baquoy*, d'ap. **Chasselat**, en hauteur. Ep. jésus.

145 Napoléon Ier, buste. Cuivre. Ep. jésus.

146 Marius à Minturne. Cuivre, par *Darcis*, d'après **Drouais**. Ep. jésus.

147 Attends! attends! Cuivre, par *Jazet*, d'ap. **H. Vernet**, en hauteur Ep. jésus.

148 Chasse au marais.—Chasse au chevreuil. 2 aciers, par *Reynolds*, d'ap. **H. Vernet**. Ep. jésus.

149 L'Aigle ravisseur.—Le Loup affamé. 2 aciers, par *Hurliman*, d'ap. **Orlowsky**, en hauteur. Ep. jésus.

150 Diana Vernon et Franc Olbadiston. — Louise la chanteuse et le duc de Rothsay. 2 **Aciers** par *Hurlimann*, d'ap **Boulanger** et **Deveria**, en hauteur. Ep. jésus.

151 Énée, d'ap. Dominiquin. — Homère, d'ap. **Blondel**. 2 cuivres en hauteur, ép. jésus.

152 Combat des Centaures et des Lapites. — Hercule délivrant Andromaque: 2 cuivres, par *Desplaces*, d'ap. **Lebrun**, ép. jésus.

153 Henri IV chez le Meunier, par *Simonet*, d'après **Moreau**. — Les Amours d'un héros chéri. 2 cuivres en hauteur, ép. jésus.

154 La Barrière de Clichy, par *Couché*, d'après **H. Vernet**, ép. raisin.

155 Combat du *Vengeur*.—La *Bayonnaise*; 2 marines, cuivres, par *Le Gouaz*, d'ap. **Ozanne**, ép. raisin.

156 Vue des plus beaux Édifices dans la campagne de Rome, d'ap. **Claude**. — Vue d'un Village aux environs de Rome, d'ap. **Ruysdael**. 2 cuiv.

157 Le Berceau russe. Cuivre, par *Parizeau*, d'ap. **Le Prince**.

158 Retour de Bélisaire dans sa famille. — Repos de
petits Orphelins. — Retour de Fanchette aux
montagnes. 3 cuivres, ép.

159 Le Joueur de musette, par *Langlois*, d'ap. **Van
Dick**. Cuivre en hauteur, ép. demi-colombier.

160 Jean-Jacques Rousseau à 22 ans, composant
l'*Émile*. 2 cuivres, par *Huet*, d'ap. Albrier. ép.
demi-colombier en hauteur.

161 Portraits de Rubens. — Isabelle Brandt, son
épouse. 2 cuivres, par *Claessens*, ép.

162 Paysages, d'ap. **N. Poussin**. 4 cuivres, ép.

PLANCHES TRÈS-ANCIENNES

Et Eaux-Fortes modernes, Recueils, etc.

163 Martyre de sainte Félicité, de *Marc-Antoine*, d'ap.
Raphaël. — Tarquin et Lucrèce, par *Eneas
Vico*. 2 cuivres très-anciens.

164 Vue du Louvre et de la Tour de Nesle avec joute
sur l'eau. — Vue du pont Neuf, de la tour et
porte de Nesle, à Paris. — La grande Chasse au
cerf. 3 cuivres, de *Callot*.

165 Le Christ guérissant des malades, eau-forte, par
Léop. Flameng, 1856. Cuivre.

166 Le Christ mort sur les genoux de la Vierge. — Le
Christ au Jardin des Oliviers, en hauteur. — Chris-
tine de Suède. — Arabe au repos. 5 cuivres, d'ap.
Eugène Delacroix, à l'eau-forte, par *M. Frédéric Villot*.

167 Les Buveurs, eau-forte, par *Claussin*, d'après **Ostade.**

168 Philosophe lisant. — Tête de Vieillard, en ovale. 2 cuivres à l'eau-forte, par *Defrey*, d'après **Rembrandt.**

169 Sujets flamands, d'ap. **Van Ostade.** 20 cuivres gravés à l'eau-forte, par *Charles Jacques* et *Subercaze.*

170 Sujets Familiers, d'ap. **Chardin.** 6 cuivres à l'eau-forte, par *Charles Jacques.*

171 Têtes, d'après **Greuze.** 13 cuivres à l'eau-forte, par *Charles Jacques.*

172 Têtes d'après **Ribera** et autres. 13 cuivres à l'eau forte, par *Charles Jacques.*

173 Animaux, bœufs et vaches. 8 cuivres à l'eau-forte, par le chevalier *de Claussin*, d'ap. **Paul Potter.**

174 Mes Gens ou les Commissionnaires ultramontains au service de qui veut les payer. 8 cuivres, par *Tilliard*, d'ap. **Saint-Aubin.**

175 C'est ici les différents Jeux des petits Polissons de Paris. 6 cuivres d'ap. **Saint-Aubin.**

176 La Dévideuse. — Les Musiciens ambulants. — — Portrait de Mouton, célèbre joueur de guitare. — La Maîtresse d'école. 4 cuivres.

177 Après vous, Sire. — On ne passe pas. — Enlèvement de Déjanire. — Éducation d'Achille. 4 cuiv.

178 Paysages, de *Lesueur*. 4 cuivres. — Les Saisons. 4 cuivres. — Lubin. — Ornement et autres non catalogués.

Renou et Maulde, imprim. de la Compagnie des Commissaires Priseurs, rue de Rivoli, 144.   29594